Para mi querido sobrino, August. — MB

Para Sophie Ella Rogers, que la curiosidad de tus grandes ojos,
tu bondad y alegría sean siempre tu inspiración,
con todo el amor y las bendiciones de tu familia. — JP

Monica Brown, PhD, es una escritora laureada.
Obtenga más información en www.monicabrown.net.

John Parra es un galardonado ilustrador, diseñador, profesor
y pintor de bellas artes. Obtenga más información en:
www.johnparraart.com.

Primera publicación en los Estados Unidos, Gran Bretaña, Canada, Australia, y Nueva Zelanda in 2017
por NorthSouth Books, Inc., casa editora de NordSüd Verlag AG, CH-8050 Zürich, Suiza.
Primera edición de bolsillo, 2019.

Distribuido en los Estados Unidos por NorthSouth Books, Inc., New York 10016.
Hay disponible información de publicación en el catálogo de la Biblioteca del Congreso

ISBN: 978-0-7358-4292-2 (trade)
7 9 11 13 • 14 12 10 8 6
ISBN: 978-0-7358-4344-8 (paperback)
1 3 5 7 9 • 10 8 6 4 2

Printed in China, 2023.
www.northsouth.com

FSC
www.fsc.org
MIX
Paper | Supporting
responsible forestry
FSC® C144853

p. 37, fotografía: "Frida Khalo con Fulang Chang" por Florence Arquin
© Archivo Diego Rivera y Frida Kahlo, Banco de México, Fiduciario en el Fideicomiso Relativo
a los Museos Diego Rivera y Frida Kahlo

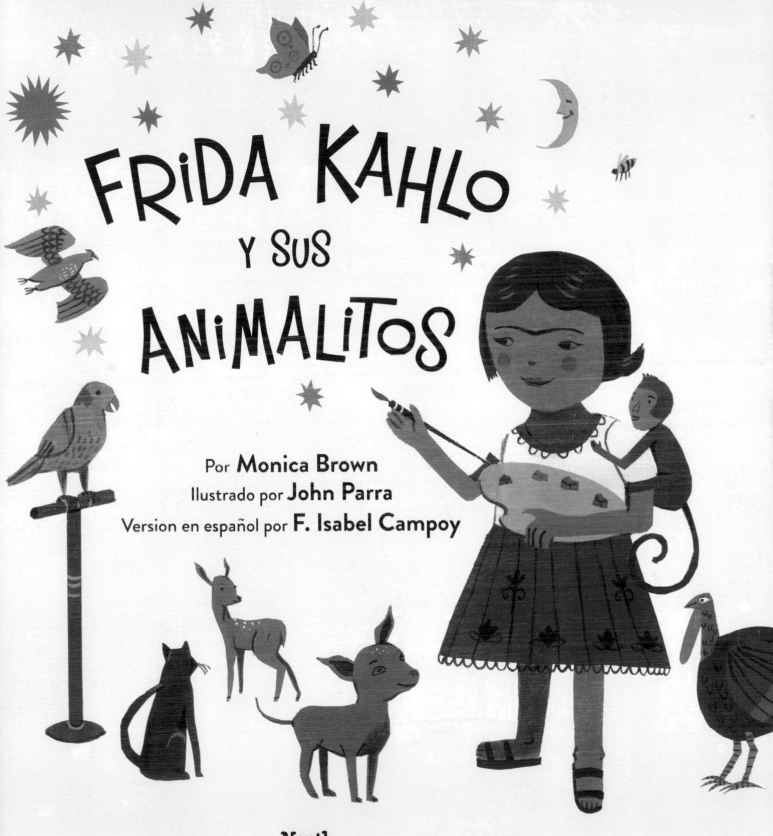

FRIDA KAHLO
Y SUS
ANIMALITOS

Por **Monica Brown**
Ilustrado por **John Parra**
Version en español por **F. Isabel Campoy**

North
South

Esta es la historia de una niña que se llamaba Frida, que llegó a ser una de las pintoras más famosas de su tiempo. Frida era especial.

Ésta, también es la historia de dos changos, un loro, tres perros, dos pavos, un águila, un gato negro y un cervatillo. Eran las mascotas de Frida, y también eran especiales.

Frida tenía un loro llamado Bonito. Igual que su loro, Frida era original. Le gustaba llevar ropa en tonos atrevidos que celebrasen el México indígena de su herencia.

Vivía en una casa de color azul
brillante como la pluma de un loro –
La Casa Azul – donde creció con su
mamá, papá y hermanas.

Frida tenía un cervatillo mascota
que se llamaba Granizo. Igual que su
cervatillo, Frida tenía ojos atentos y
preciosos. Cuando Frida cerraba los
ojos, se acordaba de su vida cuando
era niña.

Frida estaba siempre con su padre, un fotógrafo
que la enseñó a mirar al mundo con curiosidad. Frida
y su padre iban al parque a coleccionar insectos
para mirarlos bajo un microscopio. El padre de Frida
también la enseñó a pintar los retoques en sus fotos.
A Frida le encantaban los pinceles pequeños y los
preciosos colores.

Frida tenía un gato de pelo negro y brillante,
igual que su oscuro pelo largo. Frida era
juguetona como un gato. Pero de niña, Frida
no siempre podía jugar.

Cuando tenía seis años, Frida se puso muy
enferma. Estuvo en cama mucho tiempo. Pero
la pequeña Frida no se ponía triste o se aburría.
Creaba vaho en los cristales con su respiración
y entonces con el dedo pintaba una puerta.
Frida usaba su gran imaginación y la curiosidad
en sus ojos para salir por aquella puerta con una
amiga mágica, una niña que bailaba y jugaba
¡como un gatito!

Frida era independiente, ¡como un gato!
Su enfermedad hizo que una de sus
piernas fuera diferente de la otra y los
niños se reían de ella. Pero esto no impidió
que Frida pudiera patinar y montar en
bicicleta y remar en los lagos del parque de
Chapultepec, para que su pierna se pusiera
más fuerte. A Frida no le daba miedo hacer
cosas que otras niñas no solían hacer –
¡como llevar overoles, boxear y pelear!

Frida tenía dos monos araña – Fulang Chang y
Caimito del Guayabal. Como sus changos, Frida podía
ser traviesa, ¡incluso cuando ya era adolescente!
Cuando Frida tenía 15 años fue a la escuela
Preparatoria, y encontró un grupo de amigos a

quienes quería mucho. Como Frida, sus amigos tenían curiosidad por aprender todo lo que podían. Juntos leían, estudiaban, discutían y ¡algunas veces se metían en problemas! Con gorras iguales, pasearon en burro por los pasillos de la Preparatoria haciendo estallar cohetes.

Frida tenía un águila llamada Gertrudis. Como su águila, la imaginación de Frida podía volar alto.

A los 18 años Frida tuvo un terrible accidente y otra vez tuvo que quedarse en cama por muchos meses. Esta vez, Frida no creó una amiga imaginaria – ¡creó arte! Su madre le creó un caballete especial y colgó un espejo en el toldo de su cama para que Frida pudiera pintar. Frida usó su imaginación y la curiosidad de sus ojos para hacer eso justamente.

"¡Pies, para qué os necesito cuando tengo alas para volar!"

Y por si no eran bastantes mascotas, Frida tenía ¡dos pavos y tres perros –
¡Señor Xolotl, Señorita Capulina y Señora Kosti!

Los pavos de Frida eran inteligentes y sensibles, como ella. Y como
Frida, sus perros eran cálidos y amorosos. Cuando se sentía sola o triste, los
rodeaba con sus brazos y ellos le daban bienestar.

Sus perros Xolos eran de la misma raza que corrían y cazaban con los
aztecas cientos de años antes – y un reflejo de la herencia cultural de Frida,
¡de la que se sentía muy orgullosa! Los perros de Frida no tenían pelo, pero
tenían un cuerpo cálido y Frida les daba unos abrazos bien grandes cada vez
que se sentía sola o triste.

Los animalitos de Frida eran juguetones
y entretenidos, igual que Frida.

Cuando sus dos changos araña se portaban bien,
Frida los ponía en sus brazos como niños. Cuando eran
traviesos le robaban las medias y la fruta y saltaban por
las ventanas ¡para que nadie pudiera agarrarlos!

A su loro, de nombre Bonito, le gustaba acurrucarse bajo las mantas mientras Frida tomaba la siesta, y hacía trucos en la mesa para que le dieran un poco de mantequilla.

Los animalitos de Frida jugaban todo el
día en el patio de *La Casa Azul*, la casa de
azul brillante de la calle Londres. Su esposo
Diego Rivera incluso les construyó una
pirámide a los animales ¡para que pudieran
subir y deambular libremente!

Cuando Frida pintaba, sus mascotas le hacían
compañía. Y Frida pintaba todo el tiempo, mientras
cantaban los pájaros, ladraban los perros y los pavos
bailaban en el patio.

Los animales de Frida eran sus niños, sus amigos
y su inspiración.

Frida pintaba cuando estaba enferma y adolorida y Frida pintaba cuando era feliz. También pintaba cuando Diego estaba fuera y ella estaba triste. Pero Frida nunca estuvo sola en *La Casa Azul*, la casa azul brillante de la calle Londres. Ella tenía a sus animalitos y a sí misma, y eso era lo que pintaba.

Frida se pintó con Fulang Chang jugando con cintas. Se pintó con Bonito, el loro y Señor Xolotl, el perro. También pintó a su gato negro, asomándose sobre su hombro.

Frida se pintó con todas las mascotas que
tanto amaba – incluso mariposas y orugas –
y sus pinturas eran mágicas.

Y hoy, cuando visitas *La Casa Azul* en Coyoacán, a las afueras de la ciudad de México, quizás puedas oír el canto de un pájaro, o ver a un gato negro saltar desde la pirámide que se levanta en el patio de la casa azul brillante de la calle Londres, donde Frida y sus animalitos vivieron hace muchos años.

MUSEO
FRIDA KAHLO

NOTA DE LA AUTORA

Magdalena Carmen Frieda Kahlo y Calderón, también conocida como Frida Khalo nació en 1907 en el 247 de la calle Londres en la ciudad de Coyoacán, que en Náhuatl, el idioma de los aztecas, significa lugar de coyotes. Frida, como se la llamaba, era hija de madre mestiza mexicana y padre alemán-húngaro.

La vida de Frida estuvo marcada por muchas cosas, entre ellas la enfermedad. Cuando tenía solo seis años se enfermó de polio y en 1925, cuando solo tenía dieciocho años, tuvo un terrible accidente que la dejó, para toda su vida, con dolor y problemas de salud. Fue durante los largos meses que estuvo en cama cuando empezó a pintar seriamente, y el tema más frecuente era la cara en el espejo – ella misma. También pintó a sus animales que fueron constantes compañeros a lo largo de su vida.

Siempre me ha intrigado la relación que Frida tenía con los animales que la acompañaban. Aunque Frida no se rodeó de sus compañeros más famosos hasta que era adulta, decidí escribir sobre los animalitos de Frida como una forma de subrayar la creatividad mágica de Frida – su fuerza, su sentido de aventura, su espíritu indomable – a lo largo de su vida. ¿Qué nos muestran sus queridos animalitos sobre la joven Frida? Fue un honor usar lo "real maravilloso", para imaginarlo.

Fulang, Caimito del Guayabal, Bonito, Señor Xolotl, Señorita Capulina y Señora Kosti eran las mascotas de Frida. También estaba Granizo, el cervatillo, Gertrudis "Caca Blanca", el águila, dos pavos, pavos reales, otros dos gatos (Galletacera y Tomic) y otros perros (Sombra, Kaganovich, Alfa y Beta) que jugaban en el patio de La Casa Azul. Cuando era una joven pintora, compartió sus pinturas con uno de los más grandes muralistas mexicanos, Diego Rivera. Diego creía que Frida tenía talento y era encantadora. De hecho, Diego y Frida se casaron y su pareja cambió el arte contemporáneo mexicano para siempre.

Los cuadros de Frida se han colgado en el Louvre y L'Orangerie en París, el museo Metropolitano de Nueva York y en grandes galerías de todo el mundo – México, Los Estados Unidos, Inglaterra, Suecia, Alemania, Canadá y Japón. En 2001, fue la primera latina en ser honrada con un sello postal. Frida era una brillante pintora y sus autorretratos permiten vislumbrar una vida llena de pasión, dolor y amor. Frida no pudo tener hijos, pero se rodeó de gente que amaba – incluso sus muchas mascotas. De sus muchos cuadros, más de 50 son autorretratos y en muchos se rodea de sus animalitos. Le guardaban compañía, la divertían y le ofrecían confort. Se pueden ver algunas de sus mascotas en la selección de pinturas siguiente:

Fulang-Chang y yo, 1937
Xoloitzcuintle-Perro conmigo, 1938
Autorretrato con chango y cinta en el cuello, 1940
Autorretrato con Bonito, 1941
Yo y mis loros, 1941
Autorretrato con chango y loro, 1942
Autorretrato con changos, 1943
Autorretrato con chango, 1945
Autorretrato con chango [y Señor Xólotl], 1945
Naturaleza muerta con loro y bandera, 1951
Autorretrato con Diego
    en las Cejas de María del Seno, 1954.

Entre 1926 y 1954, Frida Kahlo pinto más de 200 cuadros, cada uno un regalo para el futuro. Su arte ha inspirado a futuras generaciones de artistas y a cualquiera dispuesto a abrir su mente a la brillantez de sus ojos curiosos. Su arte es también un regalo para quienes luchan contra la enfermedad en silencio. Frida uso sus pinceles para crear belleza desde el dolor y para encontrar fuerza en medio del sufrimiento.

"Frida Khalo con Fulang Chang" por Florence Arquin
de la serie Frida Khalo: Sus fotos;
(Cortesía Museos Frida Khalo y Diego Rivera-Anahuacalli